Vorwort

Weihnachten steht vor der Tür. Überall werden Plätzchen gebacken. Mit Low Carb ist das nicht möglich? Natürlich geht auch das! Ich habe meine Rezepte nach der Low Carb Ernährung für Sie umgestellt. Ich wünsche Ihnen eine schöne Weihnachtszeit und viel Spaß mit meinem Buch.

Inhaltsangabe

Vorwort

Quark Zimt Plätzchen
Schokoplätzchen
Schoko Lebkuchen Plätzchen
Weiche Zimt Wölkchen
Vanille Wölkchen
Weiche Orangenplätzchen
Vanillekipferl
Pekankipferl
Schokokipferl
Haselnusskipferl
Erdnussbutterplätzchen
Erdnussbutter Zimt Plätzchen
Kokosmakronen
Mandelmakronen
Zimtmakronen
Haselnussmakronen
Lebkuchen Cookies
Mandel Eiweißplätzchen
Kokos Eiweißplätzchen
Quarkbällchen
Lebkuchen Bällchen
Zimt Bällchen
Lebkuchen
Brownies
Zimt Brownies

Kokos Brownies
Macadamia Brownies
Spekulatius
Pfefferkuchen
Marzipankugeln
Kokos Kugeln
Rum Kugeln
Haselnuss Kugeln
Zimtsterne
Gebrannte Mandeln
Orangenplätzchen
Zitronenplätzchen
Marzipanplätzchen
Mandeltaler
Haselnusstaler
Kokostaler
Nussberge
Spritzgebäck

Nachtrag zum Impressum/ Copyright

Quark Zimt Plätzchen

Zutaten
500 g Quark mager
12 EL Öl
2 EL flüssiger Süßstoff
3 Eier
Mark einer Vanilleschote

Abgeriebene Schale einer
Bio Zitrone
600 g sehr fein gemahlene
Mandeln oder Mandelmehl
1 Pck. Backpulver
9 EL flüssige Sahne
½ TL Zimt

Zubereitung
Alle Zutaten in eine Schüssel geben und mit dem Rührgerät ca. 2 Minuten zu einem Teig kneten. Auf einer Arbeitsfläche etwas Mandelmehl streuen und den Teig darauf ausrollen. Plätzchen ausstechen und auf ein mit Backpapier ausgelegtes Blech geben. Die Kekse dann bei 200 Grad ca. 15 Minuten backen.

Schokoplätzchen

Zutaten
500 g Quark mager
2 EL Backkakao
50 g zerbröckelte Schokolade (mindestens 85 % Schokolade nehmen)
12 EL Öl
2 EL flüssiger Süßstoff
3 Eier
Mark einer Vanilleschote
550 g sehr fein gemahlene Mandeln oder Mandelmehl
50 g grob gehackt
1 Pck. Backpulver
9 EL flüssige Sahne

Zubereitung
Alle Zutaten in eine Schüssel geben und mit dem Rührgerät ca. 2 Minuten zu einem Teig kneten. Auf einer Arbeitsfläche etwas Mandelmehl streuen und den Teig darauf ausrollen. Plätzchen ausstechen und auf ein mit Backpapier ausgelegtes Blech geben. Die Kekse dann bei 200 Grad ca. 15 Minuten backen.

Schoko Lebkuchen Plätzchen

Zutaten
500 g Quark mager
2 EL Backkakao
50 g zerbröckelte Schokolade
(mindestens 85 % Schokolade
nehmen)
12 EL Öl
2 EL flüssiger Süßstoff
3 Eier
Mark einer Vanilleschote
550 g sehr fein gemahlene
Mandeln oder Mandelmehl
50 g grob gehackt
1 Pck. Backpulver
9 EL flüssige Sahne
1 TL Lebkuchengewürz

Zubereitung
Alle Zutaten in eine Schüssel geben und mit dem Rührgerät ca. 2 Minuten zu einem Teig kneten. Auf einer Arbeitsfläche etwas Mandelmehl streuen und den Teig darauf ausrollen. Plätzchen ausstechen und auf ein mit Backpapier ausgelegtes Blech geben. Die Kekse dann bei 200 Grad ca. 15 Minuten backen.

Weiche Zimt Wölkchen

Zutaten
50 g Butter weich
100 g Eiweißpulver neutral
2 EL Vanillearoma
3 EL Süßstoff flüssig
2 Eier
2 EL Sahne
½ TL Backpulver
½ TL Zimt

Zubereitung
Die Zutaten in eine Schüssel füllen und mit dem Rührgerät kräftig durchrühren. Den Teig für eine Stunde in den Kühlschrank stellen. Ein Backblech mit Backpapier auslegen. Aus dem Teig Kügelchen formen und auf das Blech geben. Ca. 15 Minuten bei 200 Grad backen.

Vanillewölkchen

Zutaten
50 g Butter weich
100 g Eiweißpulver neutral
2 EL Vanillearoma
3 EL Süßstoff flüssig
2 Eier
2 EL Sahne
½ TL Backpulver

Zubereitung
Die Zutaten in eine Schüssel füllen und mit dem Rührgerät kräftig durchrühren. Den Teig für eine Stunde in den Kühlschrank stellen. Ein Backblech mit Backpapier auslegen. Aus dem Teig Kügelchen formen und auf das Blech geben. Ca. 15 Minuten bei 200 Grad backen.

Weiche Orangenplätzchen

Zutaten
50 g Butter weich
100 g Eiweißpulver neutral
2 EL Orangenschale
1 Fläschchen Orangenaroma
3 EL Süßstoff flüssig
2 Eier
2 EL Sahne
½ TL Backpulver

Zubereitung

Die Zutaten in eine Schüssel füllen und mit dem Rührgerät kräftig durchrühren. Den Teig für eine Stunde in den Kühlschrank stellen. Ein Backblech mit Backpapier auslegen. Aus dem Teig Kügelchen formen und auf das Blech geben. Ca. 15 Minuten bei 200 Grad backen.

Vanillekipferl

Zutaten
250 g Mandelmehl
200 g Butter, weich
125 g gemahlene Mandeln
3 Eigelbe
50 g Xucker oder andere Streusüße
Süßstoff flüssig nach Geschmack
½ TL Backpulver

Zubereitung

Alle Zutaten außer Xucker in eine Schüssel geben. Auf höchster Stufe mit dem Handrührgerät vermischen, bis ein Teig entsteht. Ein Backblech mit Backpapier auslegen. Den Teig für eine Stunde in den Kühlschrank geben. Nun mit den Händen aus dem Teig erst Kugeln formen, dann Halbmonde. Auf das Backblech geben und ca. 12 Minuten bei 180 Grad backen. Die Kipferl in den Xucker wälzen und genießen.

Pekankipferl

Zutaten
250 g Mandelmehl
200 g Butter, weich
125 g Pekannüsse gemahlen
3 Eigelbe
50 g Xucker oder andere Streusüße
Süßstoff flüssig nach Geschmack
½ TL Backpulver

Zubereitung
Alle Zutaten außer Xucker in eine Schüssel geben. Auf höchster Stufe mit dem Handrührgerät vermischen, bis ein Teig entsteht. Ein Backblech mit Backpapier auslegen. Den Teig für eine Stunde in den Kühlschrank geben. Nun mit den Händen aus dem Teig erst Kugeln formen, dann Halbmonde. Auf das Backblech geben und ca. 12 Minuten bei 180 Grad backen. Die Kipferl in den Xucker wälzen und genießen.

Schokokipferl

Zutaten
250 g Mandelmehl
30 g Backkakao
20 g gemahlene Haselnüsse
250 g Butter, weich
125 g gemahlene Mandeln
½ TL Zimt
3 Eigelbe
50 g Xucker oder andere Streusüße
Süßstoff flüssig nach Geschmack
½ TL Backpulver

Zubereitung
Alle Zutaten außer Xucker in eine Schüssel geben. Auf höchster Stufe mit dem Handrührgerät vermischen, bis ein Teig entsteht. Ein Backblech mit Backpapier auslegen. Den Teig für eine Stunde in den Kühlschrank geben. Nun mit den Händen aus dem Teig erst Kugeln formen, dann Halbmonde. Auf das Backblech geben und ca. 12 Minuten bei 180 Grad backen. Die Kipferl in den Xucker wälzen und genießen.

Haselnusskipferl

Zutaten
250 g gemahlene Haselnüsse
½ TL Bindobin
200 g Butter, weich
125 g gemahlene Mandeln
½ TL Zimt
1 Fläschchen Backaroma Vanille
3 Eigelbe
50 g Xucker oder andere Streusüße
Süßstoff flüssig nach Geschmack
½ TL Backpulver

Zubereitung
Alle Zutaten außer Xucker in eine Schüssel geben. Auf höchster Stufe mit dem Handrührgerät vermischen, bis ein Teig entsteht. Ein Backblech mit Backpapier auslegen. Den Teig für eine Stunde in den Kühlschrank geben. Nun mit den Händen aus dem Teig erst Kugeln formen, dann Halbmonde. Auf das Backblech geben und ca. 12 Minuten bei 180 Grad backen. Die Kipferl in den Xucker wälzen und genießen.

Erdnussbutterplätzchen

Zutaten
150 g Erdnussbutter
1 Ei
Mark einer Vanilleschote
Süßstoff nach Geschmack

Zubereitung
Alle Zutaten in eine Rührschüssel geben und mit dem Rührgerät eine Minute lang vermischen. Ein Backblech mit Backpapier belegen und mit zwei Löffeln kleine Portionen Teig abstechen. Die kleinen Häuflein auf das Backpapier setzen. Bei 200 Grad ca. 12 Minuten backen.

Erdnussbutter Zimt Plätzchen

Zutaten
150 g Erdnussbutter
1 Ei
Mark einer Vanilleschote
Süßstoff nach Geschmack
½ TL Zimt

Zubereitung
Alle Zutaten in eine Rührschüssel geben und mit dem Rührgerät eine Minute lang vermischen. Ein Backblech mit Backpapier belegen und mit zwei Löffeln kleine Portionen Teig abstechen. Die kleinen Häuflein auf das Backpapier setzen. Bei 200 Grad ca. 12 Minuten backen.

Kokosmakronen

Zutaten
2 Eier
230 g Kokosraspeln
100 g saure Sahne
Süßstoff

Zubereitung
Alle Zutaten in die Schüssel geben und mit Süßstoff abschmecken. Ein Backblech mit Backpapier auskleiden. Mit 2 Löffeln kleine Teighäufchen aufs Blech setzen und ca. 25 Minuten bei 150 Grad backen.

Mandelmakronen

Zutaten
2 Eier
120 g blättrige Mandeln
120 g gemahlene Mandeln
1 Fläschchen Bittermandelöl
100 g saure Sahne
Süßstoff

Zubereitung
Alle Zutaten in die Schüssel geben und mit Süßstoff abschmecken. Ein Backblech mit Backpapier auskleiden. Mit 2 Löffeln kleine Teighäufchen aufs Blech setzen und ca. 25 Minuten bei 150 Grad backen.

Zimtmakronen

Zutaten
2 Eier
120 g blättrige Mandeln
120 g gemahlene Mandeln
1 Fläschchen Bittermandelöl
100 g saure Sahne
Süßstoff
½ TL Zimt

Zubereitung
Alle Zutaten in die Schüssel geben und mit Süßstoff abschmecken. Ein Backblech mit Backpapier auskleiden. Mit 2 Löffeln kleine Teighäufchen aufs Blech setzen und ca. 25 Minuten bei 150 Grad backen.

Haselnussmakronen

Zutaten
2 Eier
120 g Haselnuss gemahlen
120 g Haselnuss gehackt
1 Prise Zimt
100 g saure Sahne
Süßstoff

Zubereitung
Alle Zutaten in die Schüssel geben und mit Süßstoff abschmecken. Ein Backblech mit Backpapier auskleiden. Mit 2 Löffeln kleine Teighäufchen aufs Blech setzen und ca. 25 Minuten bei 150 Grad backen.

Lebkuchen Cookies

Zutaten
150 g Mandeln gemahlen
120 g Butter
1 Ei
½ TL Natron
Süßstoff
50 g Schokolade 85 % gehackt
1 Prise Salz
1 TL Lebkuchengewürz

Zubereitung
Alle Zutaten in eine Schüssel geben. Mit dem Rührgerät gut durchkneten. Mit zwei Löffeln auf ein mit Backpapier belegtes Blech Teighäufchen geben. Etwas Abstand lassen, da die Cookies etwas auseinander laufen. Bei 200 Grad 15 Minuten backen.

Mandel Eiweißplätzchen

Zutaten
60 g Butter weich
50 g Eiweißpulver
50 g gemahlene Mandeln
50 g Sahne flüssig
Süßstoff nach Geschmack
1 TL Backpulver
½ Fläschchen Bittermandelaroma
1 EL Kakao zum Backen

Zubereitung
Alle Zutaten nacheinander in eine Schüssel geben. Mit dem Rührgerät zu einer homogenen Masse verarbeiten. Ein Backblech mit Backpapier auskleiden. Mit zwei Teelöffeln kleine Teighäufchen auf das Backpapier geben. Bei 180 Grad ca. 15 bis 18 Minuten backen.

Kokos Eiweißplätzchen

Zutaten
60 g Butter weich
50 g Eiweißpulver
50 g gemahlene Kokosflocken
30 g Kokosflocken
20 g Kokosöl
50 g Sahne flüssig
Süßstoff nach Geschmack
1 TL Backpulver
1 EL Kakao zum Backen

Zubereitung
Alle Zutaten nacheinander in eine Schüssel geben. Mit dem Rührgerät zu einer homogenen Masse verarbeiten. Ein Backblech mit Backpapier auskleiden. Mit zwei Teelöffeln kleine Teighäufchen auf das Backpapier geben. Bei 180 Grad ca. 15 bis 18 Minuten backen.

Quarkbällchen

Zutaten
Süßstoff nach Geschmack
80 g Quark
1 Ei
40g Eiweißpulver neutral
1 TL Backpulver
20 g gemahlene Mandeln
etwas Streusüße zum Bestäuben
Fett zum Frittieren

Zubereitung
Das Fett erhitzen. Alle anderen Zutaten, außer die Streusüße in eine Schüssel geben und mit dem Rührgerät vermischen. Den Teig teelöffelweise in das Fett geben. Wenn sie goldbraun sind und oben schwimmen herausnehmen und auf Küchenkrepp abtropfen lassen. Mit der Streusüße bestäuben und genießen.

Lebkuchen Bällchen

Zutaten
Süßstoff nach Geschmack
80 g Quark
1 Ei
40g Eiweißpulver neutral
1 TL Backpulver
20 g gemahlene Mandeln
etwas Streusüße zum Bestäuben
Fett zum Frittieren
½ TL Lebkuchengewürz

Zubereitung
Das Fett erhitzen. Alle anderen Zutaten, außer die Streusüße in eine Schüssel geben und mit dem Rührgerät vermischen. Den Teig teelöffelweise in das Fett geben. Wenn sie goldbraun sind und oben schwimmen herausnehmen und auf Küchenkrepp abtropfen lassen. Mit der Streusüße bestäuben und genießen.

Zimt Bällchen

Zutaten
Süßstoff nach Geschmack
80 g Quark
1 Ei
40g Eiweißpulver neutral
1 TL Backpulver
20 g gemahlene Mandeln
½ TL Zimt
etwas Streusüße zum Bestäuben
Fett zum Frittieren

Zubereitung
Das Fett erhitzen. Alle anderen Zutaten, außer die Streusüße in eine Schüssel geben und mit dem Rührgerät vermischen. Den Teig teelöffelweise in das Fett geben. Wenn sie goldbraun sind und oben schwimmen herausnehmen und auf Küchenkrepp abtropfen lassen. Mit der Streusüße bestäuben und genießen.

Lebkuchen

Zutaten
3 Eier
50 g Frischkäse
100 g geriebene Mandeln
50 g gehackte Mandeln
Süßstoff nach Geschmack
70g Eiweißpulver neutral
20 g Backkakao
20 g Butter
1 TL Zimt
2 TL Lebkuchengewürz

Zubereitung
Alle Zutaten zusammen in eine Schüssel geben und mit dem Rührgerät kräftig durchrühren. Ein Blech mit Backpapier belegen und den Teig Klecksweise draufgeben. Man kann auch den ganzen Teig auf ein Blech geben und ihn dann schneiden, ganz nach Belieben. Alles bei 180 Grad ca. 20 Minuten backen.

Brownies

Zutaten
200 g Butter weich
80 g Kakaopulver zum Backen
Süßstoff nach Geschmack
4 Eier
150 g Mandeln gemahlen

Zubereitung
Alle Zutaten in eine Schüssel geben und verrühren. Ein tiefes Blech mit Backpapier belegen und den Teig draufschütten. Ca. 20 Minuten bei 200 Grad backen und in Stücken schneiden. Wer möchte, kann noch eine Tafel Schokolade 85% schmelzen und die Brownies damit überziehen.

Zimt Brownies

Zutaten
200 g Butter weich
80 g Kakaopulver zum Backen
Süßstoff nach Geschmack
4 Eier
1 TL Zimt
150 g Mandeln gemahlen

Zubereitung
Alle Zutaten in eine Schüssel geben und verrühren. Ein tiefes Blech mit Backpapier belegen und den Teig draufschütten. Ca. 20 Minuten bei 200 Grad backen und in Stücken schneiden. Wer möchte, kann noch eine Tafel Schokolade 85% schmelzen und die Brownies damit überziehen.

Kokos Brownies

Zutaten
200 g Butter weich
80 g Kakaopulver zum Backen
Süßstoff nach Geschmack
4 Eier
150 g Mandeln gemahlen
50 g Kokosflocken
30 g Rum

Zubereitung
Alle Zutaten in eine Schüssel geben und verrühren. Ein tiefes Blech mit Backpapier belegen und den Teig draufschütten. Ca. 20 Minuten bei 200 Grad backen und in Stücken schneiden. Wer möchte, kann noch eine Tafel Schokolade 85% schmelzen und die Brownies damit überziehen.

Macadamia Brownies

Zutaten
200 g Butter weich
80 g Kakaopulver zum Backen
Süßstoff nach Geschmack
4 Eier
150 g Mandeln gemahlen
100 g Macadamia

Zubereitung
Alle Zutaten außer Macadamia in eine Schüssel geben und verrühren. Ein tiefes Blech mit Backpapier belegen und den Teig draufschütten. Die Macadamias auf den Teig streuen und einsinken lassen. Ca. 20 Minuten bei 200 Grad backen und in Stücken schneiden. Wer möchte, kann noch eine Tafel Schokolade 85% schmelzen und die Brownies damit überziehen.

Spekulatius

Zutaten
2 Eier
200 g gemahlene Haselnusskerne
50 g Butter
1 TL Spekulatiusgewürz
Süßstoff nach Geschmack

Zubereitung
Alle Zutaten in ein Rührgefäß füllen und vermengen, Eine Arbeitsfläche mit gemahlenen Haselnüssen bestreuen, damit der Teig nicht klebt. Den Teig hinaufgehen und Spekulatius formen. Ein Blech mit Backpapier belegen und die Plätzchen hinauflegen. Bei 180 Grad ca. 18 bis 20 Minuten backen.

Pfefferkuchen

Zutaten
3 Eier
50 g Frischkäse
100 g geriebene Mandeln
50 g gehackte Mandeln
Süßstoff nach Geschmack
70g Eiweißpulver neutral
20 g Backkakao
20 g Butter
1 TL Zimt
2 TL Pfefferkuchengewürz

Zubereitung
Alle Zutaten zusammen in eine Schüssel geben und mit dem Rührgerät kräftig durchrühren. Ein Blech mit Backpapier belegen und den Teig Klecksweise draufgeben. Man kann auch den ganzen Teig auf ein Blech geben und ihn dann schneiden, ganz nach Belieben. Alles bei 180 Grad ca. 20 Minuten backen.

Marzipan Kugeln

Zutaten
Teig
200 g weiße Mandeln
gemahlen
1 Fläschchen Bittermandelaroma
50 g Butter weich
Süßstoff nach Geschmack
2 TL Eiweißpulver

Dekor
1 EL Backkakao
1 EL Streusüße
1 TL Zimt

Zubereitung
Alle Teigzutaten in eine Schüssel geben und verkneten. Dann den Teig zu Kügelchen rollen. Die Zutaten für das Dekor in ein Schälchen geben und vermischen. Die Kugeln darin wälzen. Im Kühlschrank aufbewahren.

Kokos Kugeln

Zutaten
Teig
200 g Kokosraspeln gemahlen
50 g Kokosöl
1 EL Rum
Süßstoff nach Geschmack
3 TL Eiweißpulver

Dekor
1 EL Kokosraspeln
1 EL Streusüße

Zubereitung
Alle Teigzutaten in eine Schüssel geben und verkneten. Dann den Teig zu Kügelchen rollen. Die Zutaten für das Dekor in ein Schälchen geben und vermischen. Die Kugeln darin wälzen. Im Kühlschrank aufbewahren.

Rum Kugeln

Zutaten
Teig
200 g weiße Mandeln
gemahlen
1 EL Rum
50 g Butter weich
Süßstoff nach Geschmack
2 TL Eiweißpulver
1 EL Backkakao

Dekor
2 EL Schokolade 85 % gehackt

Zubereitung
Alle Teigzutaten in eine Schüssel geben und verkneten. Dann den Teig zu Kügelchen rollen. Die Zutaten für das Dekor in ein Schälchen geben. Die Kugeln darin wälzen. Im Kühlschrank aufbewahren.

Haselnuss Kugeln

Zutaten
Teig
200 g Haselnüsse
gemahlen
1 TL Zimt
50 g Butter weich
1 EL Sahne
Süßstoff nach Geschmack
3 TL Eiweißpulver

Dekor
2 EL Haselnüsse gesplittert
kurz in der Pfanne anrösten
1 EL Streusüße
1 TL Zimt

Zubereitung
Alle Teigzutaten in eine Schüssel geben und verkneten. Dann den Teig zu Kügelchen rollen. Die Zutaten für das Dekor in ein Schälchen geben und vermischen. Die Kugeln darin wälzen. Im Kühlschrank aufbewahren.

Zimtsterne

Zutaten
2 Eiweiße steif geschlagen
125 g gemahlene Haselnüsse
125 g gemahlene Mandeln
1 TL Zimt
Süßstoff nach Geschmack

Zubereitung
Die Zutaten miteinander vermischen. Auf einer mit gemahlenen Mandeln bestreuten Fläche geben und ausrollen. Sterne ausstechen. Auf ein mit Backpapier belegtes Blech geben und bei 180 Grad 15 bis 20 Minuten backen.

Gebrannte Mandeln

250 g Mandeln
1 Eiweiß
1 EL Lebkuchengewürz
Süßstoff nach Geschmack

Zubereitung
Eiweiß, Gewürz und Süßstoff in eine Schüssel geben und vermischen. Nun die Mandeln hinzufügen und darin wälzen. Ein Backblech mit Backpapier auskleiden und die Mandeln hinauf geben. Bei 200 Grad backen bis sie knackig braun sind.

Orangenplätzchen

Zutaten
4 Eiweiße geschlagen
250 g gemahlene Mandeln
Süßstoff nach Geschmack
2 Fläschchen Orangenaroma

Zubereitung
Alles zusammen in eine Schüssel geben und mit dem Handrührgerät zu einer homogenen Masse verarbeiten. Ein Backblech mit Backpapier auslegen und mit dem Löffel kleine Teighäufchen auf das Papier geben. Alles bei 180 Grad ca. 15 bis 18 Minuten backen.

Zitronenplätzchen

Zutaten
4 Eiweiße geschlagen
250 g gemahlene Mandeln
Süßstoff nach Geschmack
2 Fläschchen Zitronenaroma
1 TL Zitronenschale gerieben

Zubereitung
Alles zusammen in eine Schüssel geben und mit dem Handrührgerät zu einer homogenen Masse verarbeiten. Ein Backblech mit Backpapier auslegen und mit dem Löffel kleine Teighäufchen auf das Papier geben. Alles bei 180 Grad ca. 15 bis 18 Minuten backen.

Marzipanplätzchen

Zutaten
4 Eiweiße geschlagen

250 g gemahlene Mandeln
Süßstoff nach Geschmack
1 Fläschchen Bittermandelaroma

Zubereitung
Alles zusammen in eine Schüssel geben und mit dem Handrührgerät zu einer homogenen Masse verarbeiten. Ein Backblech mit Backpapier auslegen und mit dem Löffel kleine Teighäufchen auf das Papier geben. Alles bei 180 Grad ca. 15 bis 18 Minuten backen.

Mandeltaler

Zutaten
100 g blättrige Mandeln
Süßstoff nach Geschmack
80 g weiche Butter
80 g gemahlene Mandeln
80 g Eiweißpulver
1 TL Zimt
2 Eier

Zubereitung
Alle Zutaten außer die blättrigen Mandeln in eine Rührschüssel geben und kräftig vermischen. Aus der Masse kleine Taler formen. Ein Blech mit Backpapier auskleiden und die Taler hinauf geben. Die Blättrigen Mandeln auf die Taler drücken. Bei 180 Grad ca. 18 Minuten backen.

Haselnusstaler

Zutaten
100 g gehackte Haselnüsse
Süßstoff nach Geschmack
80 g weiche Butter
80 g gemahlene Haselnüsse
80 g Eiweißpulver
1 TL Zimt
2 Eier

Zubereitung
Alle Zutaten außer die gehackten Haselnüsse in eine Rührschüssel geben und kräftig vermischen. Aus der Masse kleine Taler formen. Ein Blech mit Backpapier auskleiden und die Taler hinauf geben. Die gehackten Haselnüsse auf die Taler drücken. Bei 180 Grad ca. 18 Minuten backen.

Kokostaler

Zutaten
100 g Kokosraspeln
Süßstoff nach Geschmack
80 g weiche Butter
80 g gemahlene Kokosraspeln
80 g Eiweißpulver
1 Fläschchen Rumaroma
2 Eier

Zubereitung
Alle Zutaten außer den Kokosraspeln in eine Rührschüssel geben und kräftig vermischen. Aus der Masse kleine Taler formen. Ein Blech mit Backpapier auskleiden und die Taler hinauf geben. Die Kokosraspeln auf die Taler drücken. Bei 180 Grad ca. 18 Minuten backen.

Nussberge

Zutaten
200 g Mandeln gestiftet
2 EL Sahne
200 g Schokolade 85 %

Zubereitung
Die Schokolade im Wasserbad schmelzen. Die Mandeln und die Sahne unterrühren. Ein Blech mit Backpapier belegen und kleine Häufchen der Masse darauf setzen. Im Kühlschrank stellen und fest werden lassen.

Spritzgebäck

Zutaten
100 g Gluten
300 g Butter
400 g Mandelmehl
Mark von 2 Vanille Schoten
450 g Sojamilch
200 g Sahne
Süßstoff nach Geschmack
Geriebene Schale einer Bio Orange

Zubereitung
Alle Zutaten in eine Schüssel geben und mit dem Mixgerät verrühren. Den Teig portionsweise in eine Gebäckpresse geben und den gepressten Teig auf ein mit Backpapier ausgelegtes Blech geben. Im Ofen bei ca. 200 Grad 15 bis 18 Minuten backen.

Nachtrag zum Impressum/ Copyright

Fotolia.com/ gquantriliquy
/ rockville photo

Herstellung und Verlag:
BoD - Books on Demand, Norderstedt
ISBN 978-3-7412-8905-7